Me gusta rezarte, Señor

Imprimatur: 30-11-1975
Dr. José María Martín Patino

Texto: *E. Pascual*
Ilustraciones: *J. A. Pérez*

© **Ediciones Paulinas,** Protasio Gómez, 15. Madrid-27
Ediciones Marova, E. Jardiel Poncela, 4, 4.º Madrid-16
Promoción Popular Cristiana, Enrique Jardiel Poncela, 4.
    Madrid-16
Editorial Regina, Mallorca, 87-89. Barcelona-29
Editorial Verbo Divino, Ctra. de Pamplona, 41. Estella (Navarra)

I.S.B.N.: 84-285-0603-5 (E. Paulinas)
        84-269-0321-5 (Marova)
        84-288-0321-8 (P.P.C.)
        84-7129-206-8 (Regina)
        84-7151-188-6 (Verbo Divino)

Depósito legal: M. 38.635-1982

Impreso en los talleres de JOSMAR, S. A.
Artesanía, 17. Coslada (Madrid)
Impreso en España - Printed in Spain

Me gusta rezarte, Señor

Señor

4.ª edición

ED. PAULINAS • MAROVA • P.P.C.
REGINA • VERBO DIVINO

¿POR QUE REZO?

Rezo porque amo. Cuando quiero a una persona, me gusta hablar con ella mucho tiempo.

Pues lo mismo con el Señor.

En esos momentos digo todo lo que pienso, todo lo que se me ocurre.

Hablo de todo lo que me importa a mí y a mis amigos.

Y luego escucho.

Porque cuando rezo, el Padre, Jesús y el Espíritu Santo están hablando conmigo. Me enseñan muchas cosas. Yo escucho y así voy aprendiendo.

Dios Padre, Hijo y Espíritu Santo siempre están conmigo.

¡Esto es maravilloso! Porque así puedo rezar en cualquier sitio: en la iglesia, en casa, en la cama, en el campo, bajo las estrellas, a la sombra de los árboles, por la calle...

Ni siquiera importa que esté sentado o de pie, de rodillas y apoyado en los talones como un japonesito o tumbado en el suelo. ¡Qué más da! A Dios le gusta hablar conmigo en cualquier postura que me encuentre.

Le gusta verme vivo ante él. Me quiere tal como soy, porque soy su hijo, porque soy la cosa más bonita que ha hecho.

¡Gracias, Señor!

DURANTE EL DIA

Cuando te despiertas,
cuando juegas,
cuando estudias o cantas,
ríes o lloras,
corres tras una mariposa,
miras una estrella o una flor...
siempre puedes alabar a Dios.

La vida se te ha dado
para alabar al Señor.

Puedes hacerlo con las palabras
que te salgan del corazón,
o leyendo despacio
las oraciones
que para ti hemos sacado
del Libro de Dios.

Padre nuestro

Todos los días.
Por todos los hombres,
para que tengan:
pan, paz, victoria sobre el mal
en el reino de Dios
que comienza aquí en la tierra.

En el nombre del Padre
y del Hijo
y del Espíritu Santo.
Amén.

Padre,
te repito los deseos de Jesús:
sus deseos son también los míos.
Escúchame.

Padre nuestro,
que estás en los cielos,
santificado sea tu nombre,
venga a nosotros tu reino,
hágase tu voluntad
así en la tierra como en el cielo.

El pan nuestro de cada día
dánosle hoy,
y perdónanos nuestras deudas,
así como nosotros perdonamos
a nuestros deudores,
y no nos dejes caer en la tentación,
mas líbranos del mal.
Amén.

Eres maravilloso, Padre

Al salir el sol. Cuando veas correr un arroyo.
En vacaciones.
Después de una excursión a la montaña.

Dios es grande
y nosotros le alabamos
por la luz y por el viento,
por el agua y por el pan.

Canta
la grandeza
de tu Señor.

Yo te alabo, Señor,
porque eres maravilloso
en medio de tu fuerza y tu belleza.
Tú revistes la luz como de un manto
y extiendes como una tienda el firmamento.
Puedes vivir en las aguas,
hacer de las nubes tu carro
y andar en las alas del viento.
Tú haces brotar las fuentes en los valles,
haces crecer las plantas para el hombre
y produces el pan de cada día
para su alimento.

Señor,
¡la tierra está llena
de las cosas que has hecho!
¡Gloria a ti, Señor!

(del salmo 103)

Tú
siempre
estás
conmigo

Por la mañana.
Cuando vas a hacer alguna cosa.
Cuando te pones a estudiar.

Quien está con el Señor tiene con él la alegría,
porque el Señor es alegre.

Señor, tú eres mi alegría.

Oh Señor, guarda a tu niño.
Me pongo en tus brazos.
Tú eres mi Dios, tú eres mi alegría.

Quiero agradarte
en todas mis acciones.
Si tú estás conmigo seré fuerte.
¡Entonces qué alegría
tendrá mi corazón!
Toda mi vida
será feliz.
No me abandones nunca
y enséñame el camino
que conduce
a la vida verdadera.
Sólo junto a ti
hay alegría plena.
¡Aleluya!

(del salmo 15)

Me hiciste de un modo admirable

Cuando mamá te diga
cómo naciste.
Cuando tengas un hermanito.
Cuando obres con buena voluntad
o dejes de entenderte bien
con algún amigo.

Tú eres
la cosa más admirable
que han hecho
Dios
y el amor de papá y mamá.

Señor, gracias porque me diste a papá y mamá.

Señor,
tú me miras por dentro y me conoces:
si me canso y me acobardo, tú lo ves.
Si decido seguirte, tú lo sabes.
Y sabes si camino o si me acuesto,
porque todo lo conoces en mí.
Por ti la noche es clara como el día,
y las tinieblas son como la luz.

Tú me tejiste en el vientre
de mamá
y me hiciste
de un modo admirable.
Yo lo sé, y te doy gracias
porque todo lo que hiciste
es maravilloso.

(del salmo 138)

Señor, ven en mi ayuda

Cuando salgas de casa
y vayas de viaje.
Cuando empieces
a hacer tus deberes.
Siempre que alguna cosa
te preocupe.

Un hijo de Dios
está siempre protegido
por el amor del Padre.

En cualquier sitio que esté, tú me proteges,
Señor.

Levanto mis ojos a los montes.
¿De dónde me vendrá el auxilio?
El auxilio me viene del Señor
que hizo el cielo y la tierra.
El es mi guardián:
se pone a mi lado para defenderme
de día y de noche.

El Señor me guarda. El protege mi vida.
Cuando salgo y cuando vuelvo,
siempre,
siempre me protege el Señor.

(del salmo 120)

Padre, qué

Durante el día.
Cuando mires al cielo
cuajado de estrellas.
Cuando consigas
aprender
alguna cosa nueva.
Cuando sepas
que se ha realizado
un asunto difícil
o una empresa importante.

Eres hijo de Dios.
Por eso Dios
pone
en tus manos
el mundo.

Canta al Padre
esta hermosa canción:

hermoso es tu mundo

¡Qué grande eres, Señor!
Toda la tierra te admira,
y el cielo canta tu belleza.
Los niños tienen en sus labios
una canción para ti, y todos quieren oírla.
Tú hiciste el cielo,
tú nos diste la luna y las estrellas.

Señor, tú que eres tan maravilloso,
¿cómo puedes pensar en mí,
cómo puedes preocuparte tanto
por un hombre tan pequeño?
¡Pero si casi me hiciste igual a ti!
Me diste una corona de gloria,
y me diste sabiduría
para ordenar y conducir tu creación,
que pusiste en mis manos.

¡Qué grande eres, Señor!

(del salmo 8)

23

Tú alimentas también a las crías del cuervo

Cuando comes.
Cuando la primavera renueva la tierra
y los pajarillos
vuelven a hacer sus nidos.

El Padre del cielo sabe cómo te llamas
y te lo proporciona todo.

Padre,
que alimentas a los pajarillos
y conoces todas las estrellas,
tú piensas en mí y me quieres. Gracias.

Alabad al Señor, porque es bueno.
El cura los corazones enfermos
y venda a los heridos.
Sabe cuántas estrellas hay
y a cada una la llama por su nombre.

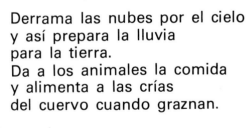

Derrama las nubes por el cielo
y así prepara la lluvia
para la tierra.
Da a los animales la comida
y alimenta a las crías
del cuervo cuando graznan.

Tú, Señor, amas
a los que te obedecen
y todo lo esperan de ti,
porque eres bueno.

(del salmo 146)

25

¡Qué fuerte es tu voz, Señor!

Cuando hay tormenta.
Cuando sopla el viento
o relampaguea.

Cuando hay tormenta
un hijo de Dios no tiene miedo.
Es sólo un gran coro que canta
la fuerza del Señor.

Canta al Señor tu canción:

¡La voz del Señor sobre las aguas!
¡La voz del Señor es potente!
¡La voz del Señor es magnífica!

La voz del Señor arranca los árboles.
La voz del Señor lanza llamas de fuego.
La voz del Señor descorteza las selvas.
La voz del Señor estremece el desierto.

Todo canta al Señor
en su Creación:

¡Gloria al Señor!
¡Gloria al Señor!
¡Gloria al Señor!

(del salmo 28)

Señor, estoy enfermo

Cuando tengas que quedarte en la cama.
Cuando vayas a visitar
a un amigo enfermo.

Dios nos quiere:
a él podemos contarle nuestras penas y dolores.
El es como mamá,
y siempre está
junto al niño enfermo.

Señor,
tu amigo
está enfermo.

Acuérdate, Señor,
de que estoy enfermo.
Pío como la golondrina,
gimo como la paloma.
Ya no soy capaz
de pensar en ti.

Señor,
tú que me has creado,
cúrame,
déjame otra vez correr,
¡por favor!
Y cantaré para ti
toda la vida.

(del profeta Isaías)

29

Tú me perdonas, Señor

Cuando estés arrepentido de no haber obedecido,
o de haberte portado mal con un amigo.
Cuando quieras corregirte
e intentes ser generoso, amable y educado.

Le dices al Señor
que has hecho tus caprichos.
El te perdona
y te ayuda a vencer el mal.

Señor,
ayúdame a ser
como tú quieres
que sea.

Señor, te he confesado mi pecado,
y no te he ocultado mis faltas.
He dicho: «Confieso al Señor mis culpas»
y tú me has perdonado.

Tú eres mi refugio,
me defiendes
y me haces salir victorioso y libre.

Me dices:
«Yo te instruiré
y te enseñaré el camino
que debes seguir;
yo te aconsejaré
y marcharé detrás de ti
con mi mirada».

Señor,
tú envuelves en tu amor
al que en ti espera.

(del salmo 31)

Señor,
sólo tú eres
verdaderamente
bueno

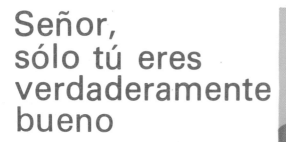

*Cuando quieras
dar gracias
a Dios
por su perdón.
Cuando quieras demostrarle
tu alegría.
Cuando quieras bendecirlo.
Cuando alguien
te haya hecho un regalo.
Cuando te sientas lleno de vida.*

*Dios te quiere y te llena
de beneficios.
Tú puedes hacer
cualquier cosa por agradarle a él.*

Señor, haz de mi vida
una alabanza a ti.

Bendice alma mía al Señor,
todo lo que hay en mí
alabe tu nombre.

Bendice alma mía al Señor
y no olvides sus beneficios.
El perdona todas sus faltas
y cura todas sus enfermedades.
Te llena de gracia y de ternura
y tú siempre te sientes
ágil y renovado como un pájaro.

El Señor es bueno y compasivo
y no anda siempre regañándote.
Lo mismo que papá
es bueno con sus niños,
así el Señor
es bueno con los que le aman.

¡Alaba, alma mía, al Señor!

(del salmo 102)

33

DURANTE EL TIEMPO DE ADVIENTO Y NAVIDAD

En Navidad

Jesús nace
de la Virgen María,
para darte la hermosa noticia
de que el Padre te quiere.

Canta con alegría:

«Gloria a Dios
en el cielo.
Paz en la tierra
a los hombres
que ama el Señor».

(del evangelio de Lucas)

Aclamemos al Señor

En el adviento.
Cuando quieras celebrar
una fiesta del Señor.

Cuando cantes y toques
en los encuentros
con tus amigos.

Jesús va a venir.
Todas las cosas
le esperan con alegría:
El es el Salvador.

Yo te alabo, Jesús, hermano mío.

Pueblos de toda la tierra,
aplaudid y alabad al Señor.
Alabad y bendecid al Señor
tocando la guitarra
y cantando canciones de alegría.

Aclame al Señor también el mar,
la tierra y cuantos la habitan.

Hagan sentir su voz
todos los ríos
y griten a coro
las montañas.
Mirad que viene
el Señor.

(del salmo 97)

37

Señor, tú eres mi pastor

En la comunión.
Cuando observes el tráfico.
Cuando vayas
al bosque.

Tú eres
como una ovejita
y el Señor
es tu pastor.
El te da el agua
de la gracia,
que te hace fuerte.

Da gracias
a Jesús
que siempre
está
junto a ti.

El Señor es mi pastor:
nada me puede faltar.
El me apacienta
en prados de hierba verde
y me lleva a descansar
junto a las frescas aguas.
Porque es bueno,
me guía por el camino recto.

Aunque tenga que pasar
por valles oscuros,
no temo ningún mal,
porque tú estás conmigo.

Tu fuerza y tu amor
estarán siempre conmigo
para sostenerme y ayudarme.

(del salmo 22)

Tú eres
mi maestro

Cuando estés dispuesto a hacer
lo que el Señor quiere de ti.
Cuando vayas a escuchar la palabra del Señor
en la iglesia, en la catequesis,
en la familia.
Cuando veas que no puedes
resistir
a los malos ejemplos.

El Señor te da una ley
porque te ama.
Tú le sigues
y eres feliz.

Señor, maestro mío,
te prometo
guardar siempre tu palabra.

¡Amo tanto, Señor,
tus mandamientos!
Pienso en ellos durante el día
muchas veces.

Yo quiero guardar siempre
tu palabra.
Por eso me separo
de quien enseña el mal.

¡Tú, Señor, eres mi maestro!

Si medito tus enseñanzas
me hago sabio.
Si cumplo tu ley
me hago prudente y juicioso.

Tu palabra es como una lámpara:
da luz a mis pasos
e ilumina mi camino.

(del salmo 118)

Dios te salve, María

Para prepararte a a Navidad.
Cuando quieras saludar a la Virgen.
Por tu madre.
Cuando visites
a un compañero enfermo
o veas a alguno triste.

El Padre envía a Jesús
a vivir con nosotros.
María es su madre.
Jesús quiere que María
sea la madre
de todos sus amigos.

Reza así:

Dios te salve, María,
llena eres de gracia,
el Señor es contigo,
bendita tú eres
entre todas las mujeres
y bendito es el fruto
de tu vientre,
Jesús.

Santa María,
Madre de Dios,
ruega por nosotros,
pecadores,
ahora y en la hora
de nuestra muerte.

Amén.

43

¡Ya llega Jesús!

En la fiesta de Navidad.
Cuando quieras pedir
la paz para el mundo,
y fuerza para hacer las paces
con los que te han ofendido.

Navidad es la fiesta de la luz.
Y Jesús es la luz.
Viene Jesús y nos renueva,
nos salva,
nos une, nos glorifica.

Recibe a Jesús
con gozo y alegría,
pídele
que dé a todos su paz.

El pueblo que estaba en las tinieblas
ha visto una gran luz:
porque nos ha nacido un Niño,
y se nos ha dado un Hijo.
El será siempre de todos
y le llamaremos: Príncipe de la paz.
¡Aleluya!

(del profeta Isaías)

Y María canta...

Para dar gracias al Padre.
En los días de gran alegría:
en el aniversario de tu bautismo y confirmación
o del matrimonio de papá y mamá.
Cuando quieras dar gracias
por una bonita excursión,
o porque has logrado hacer una cosa difícil.
Para que los gobernantes
se pongan de acuerdo en las cosas importantes.

María da gracias al Padre
porque la ha escogido,
siendo tan pequeña,
para ser la mamá de Jesús.

Con María,
también yo te doy gracias,
Señor.

Canto la gloria de Dios,
y mi corazón se alegra
en Dios, que es mi salvador.

Se inclinó sobre mí,
aunque soy tan pequeña;
por eso los hombres
siempre me amarán.

El hizo por mí
cosas maravillosas. Es fuerte y santo,
y ama a todos los hombres:
llena de bienes a los hambrientos
y despide a los ricos sin nada.

Nos ama eternamente,
y es fiel a las promesas
que hace a sus amigos.

(del evangelio de Lucas)

47

EN TIEMPO DE CUARESMA, PASCUA, PENTECOSTES

*Nos acercamos
a la fiesta más grande:
la PASCUA de Jesús.*

Resucitó de entre los muertos
y subió junto al Padre.

En cada misa, nosotros
anunciamos y recordamos su pascua,
y proclamamos su resurrección.

«Mirad que subimos a Jerusalén,
y allí el Hijo de Dios
será entregado a la muerte,
pero al tercer día
resucitará».

(del evangelio de Lucas)

Señor, dame un corazón nuevo

Durante la cuaresma.
Cuando hayas hecho sufrir
al que está a tu lado
y se encuentre triste por ello.
Cuando te sientas desganado o disgustado.

Dios Padre
nos renueva en el bautismo,
y siempre que le pedimos perdón
por no haberle amado
a él y a los hermanos.

Te pido, Señor,
que me des un corazón nuevo.

¡Qué feliz soy, Señor! ¡Eres tan bueno!
Siempre me perdonas,
siempre borras mi pecado.
Lava, Señor, mi culpa,
y quedaré más blanco que la nieve.
Dame un corazón nuevo y renueva mi vida.

Sálvame, Señor,
y otra vez
tendré tu alegría.

Dame buena voluntad
para ser fuerte,
y entonces diré a todos
con mi vida
que tú eres grande,
Señor.

(del salmo 50)

Soy tuyo

El día de viernes santo.
Cuando le gente se reúne
en la iglesia
para bautizar un niño
o para la misa.
Cuando participes
en una fiesta.

Jesús murió
para hacer de nosotros
el pueblo del Señor.
Te quiere a ti más
que a ninguna otra cosa.

Te doy gracias, Señor,
mi Rey y mi Dios.

¡Pueblos de toda la tierra,
aclamad al Señor,
servid al Señor con alegría!

Nosotros sabemos
que el Señor es nuestro Dios.
El nos hizo y somos suyos.
Su pueblo
y ovejas de su rebaño.

¡Cantemos al Señor dándole gracias
y bendiciendo su nombre!
Porque el Señor es bueno:
nos ama y siempre cumple
las promesas que nos hace.

(del salmo 99)

¡Gloria y honor a ti, Señor Jesús!

En la fiesta de pascua.

*La pascua
es la fiesta de la liberación.
Hemos sido liberados
del pecado
y volvemos
a la amistad del Padre,
porque Jesús
muere y resucita
por nosotros.*

Tú has muerto
y resucitado por nosotros.
Gracias, Señor, Jesús.

Cordero de Dios (1)
tú eres digno de recibir
la gloria, el honor y el poder,
porque has sido degollado,
y nos has rescatado con tu sangre,
reconciliándonos con Dios
a nosotros,
hombres de toda raza y toda lengua,
de diversas naciones.

Tú nos has hecho
reyes y sacerdotes
para nuestro Dios,
y nos has dado un reino.

¡Aleluya!

¡Amén!

(del apocalipsis)

(1)   El día de la Pascua los judíos ofrecían a Dios
un cordero sin mancha; Jesús es el sacrificio de la
nueva Pascua: el verdadero «Cordero de Dios».

Oh Señor,
envía tu Espíritu

En la fiesta de pentecostés.
Cuando vayas a recibir la confirmación.
Cuando desees pan
para los niños que no lo tienen.
Después de una inundación
u otra desgracia.

El Espíritu de Jesús
vuelve a crearnos
desde lo más
profundo del corazón.

Señor,
envía tu espíritu,
que me da alegría.

Señor, yo no sé contar
todas las cosas que has hecho.
La tierra está llena de tus maravillas.
Todos de ti esperamos
el aliento en el momento justo.
Cuando tú nos lo das lo recibimos,
y cuando abres tu mano nos saciamos.

Señor,
no escondas tu rostro,
porque si no, nos asustamos.
Envía tu espíritu, para que nos sintamos renacer,
y renueva la faz de la tierra.

(del salmo 103)

¿Por qué tener miedo?

Cuando no consigas
aguantar a un hermano o a un compañero.
Cuando necesites luz y valor.
Cuando algún compañero
te haga una broma pesada.

El Espíritu del Señor
da luz y fuerza.
Sé valiente
y no temas a nadie.

Ven conmigo,
Espíritu Santo,
y no tendré miedo.

El Señor es mi luz
y mi salvador:
¿Quién podrá darme miedo?
El Señor defiende mi vida:
¿a quién temeré?
Aunque venga contra mí un ejército armado
mi corazón no temblará.

Una cosa he pedido al Señor, sólo una busco:
estar con él en su casa,
todos los días de mi vida.

Cuando vengan días malos,
yo sé que encontraré
refugio y amparo junto a él.
Entonces sentiré verdaderamente
que el Señor es bueno.

(del salmo 26)

¡Aleluya! ¡Aleluya!

Cuando estés contento
en medio de tus amigos.
Después del primer día de escuela.
En la montaña. En el mar.

Nadie es tan bueno
como el Señor.
Tu vida
y la de tus amigos
puede convertirse
en un canto
de alabanza a él.

Di aleluya
con todos tus amigos.

¡Niños, alabemos al Señor!

Cantemos alabanzas a su nombre.
Bendecid al Señor ahora y siempre.
Desde la salida del sol hasta su ocaso,
digamos:
¡Aleluya al nombre del Señor!

El Señor es glorioso,
se eleva por encima de los pueblos,
está más arriba del cielo.
¿Quién es como el Señor, nuestro Dios?
Él se sienta sobre un monte sublime,
pero se inclina y mira con amor
a los cielos y a la tierra.

Aleluya.   *(del salmo 112)*

61